LA SORBONNE

ET LES

GAZETIERS

T-56
Lb
1648

ACADÉMIE DES BIBLIOPHILES

Déclaration.

« Chaque ouvrage appartient à son auteur-éditeur. La Compagnie entend dégager sa responsabilité collective des publications de ses membres. »

(*Extrait de l'art. IV des Statuts.*)

TIRÉ A TROIS CENTS EXEMPLAIRES
sur papier vergé de Hollande
et à 12 sur papier de Chine.

N° 300

JULES JANIN

LA

SORBONNE

ET LES

GAZETIERS

PARIS

Académie des Bibliophiles.

M DCCC LXVII

AU LECTEUR

La réponse de M. Jules Janin au discours latin de la Sorbonne fut, l'an passé, une espèce d'événement.

La Revue de l'instruction publique a reproduit, en l'adoptant, cette éloquente plaidoirie d'un vrai critique plaidant *pour sa maison*. A notre tour, nous sommes heureux de publier ces pages qui ne sauraient périr. Nous y ajoutons en forme de préface une lettre inédite de l'aimable écrivain répondant aux observations du jeune universitaire qui a prononcé le discours latin.

A tout péché miséricorde; à tout seigneur tout honneur.

V. D.

LETTRE INÉDITE

Monsieur,

J'ai lu votre lettre ; elle m'a touché profondément sans m'étonner. Quelque chose, en effet, me disait qu'un jeune homme, enivré des chefs-d'œuvre où sont proclamées toutes les libertés de l'esprit humain, ne pouvait pas, de gaieté de cœur, s'attaquer, dans un auditoire officiel, en présence de tant de jeunesse libérale, aux vaincus de la veille, aux exilés rappelés, aux exilés volontaires, à tous les écrivains si malheureux sous ces lois terribles. Non, monsieur ! Et maintenant, je n'en saurais douter, vous êtes un honnête et libre esprit. Pourtant, convenez-en, la nécessité de votre discours a voulu que vous ne fissiez une exception dans vos colères que pour les critiques de l'Université, de l'Académie et du Sénat. Les autres sont restés sur le carreau.

Or, ces autres, par la façon dont va le monde lettré, on les peut attaquer impunément. Pendant que le dernier huissier du ministère, pour peu qu'il ait la chaîne au cou, se voit protégé par le communiqué, l'avertissement, la suspension, l'amende, la prison, *et enfin* la suppression (*hier encore le journal de ce rare et charmant esprit, votre camarade, M. Prévost-Paradol*), *les déclassés, tels que nous, restent exposés à tous les essais de la jeunesse bien pensante, et servent de* tête de More *aux premiers efforts de leur Muse à l'abri. Voilà mon thème! et si j'avais voulu appuyer, j'aurais cité certain morceau (de critique!) dans* la Revue de l'Est *du mois de janvier 1864, où la pauvre critique est déjà bien malmenée. Je ne l'ai pas fait pour ne point me servir d'une délation.*

Tels que nous sommes, nous nous battons à armes courtoises. Tant pis pour nous si l'ennemi possède un canon rayé; nous n'avons qu'une épingle émoussée. « Au fait, disait un certain Fannius, je ne sais que répondre au commandant de dix légions. »

Voulez-vous, pour finir, que je vous dise ici toute ma pensée? Il me semble que ma fâcherie était inutile. Après les sourires aimables que vous avaient accordés publiquement, en hochant la tête, ce grand latiniste, M. Achille Fould, et ce libéral obstiné, M. Drouyn-de-Lhuis, j'aurais dû, monsieur, vous trouver assez puni.

J. J.

LA SORBONNE

ET LES

GAZETIERS

LA SORBONNE

ET LES

GAZETIERS

Holà ! petit garçon ! faites en sorte que nous soyons bien à l'aise en ce bureau des merveilles. Nous voulons dépasser cette fois le solstice du beau, le zénith du joli. Pour nous, l'élégance n'a rien de trop raffiné, la perfection n'est pas assez parfaite. Il faut que les plus fins connaisseurs s'extasient sur le vernis de nos paroles. Vous verrez cette fois, messieurs les pantoufliers de Sorbonne, si nous sommes vêtus à la dernière mode, en véritables Benoîtons de la langue latine ; si notre petite oie est congruante à l'habit, si notre ruban n'est pas du Perdigeon tout pur, si nos canons ne sont pas d'un grand quartier plus longs que tous ceux qu'on a faits. Attachez un peu sur ces gants la réflexion de votre odorat ! « Ils sentent terriblement bon, j'imagine, et jamais vous n'avez respiré une odeur mieux conditionnée. » Et la senteur de nos cheveux ! j'espère que cela est tout à fait de qualité, « et que le sublime en est touché délicieusement. »

Quant à nos plumes, « elles sont effroyablement belles, le brin en coûte un louis d'or. » Ainsi parleraient Cathos et Madelon, les deux précieuses aspirantes aux honneurs du baccalauréat.

Je l'ai donc lu ce fameux discours sous lequel devait succomber la critique française, et j'avoue, au premier abord, que j'en suis resté atterré :

Traître, tu nous gardais ce coup pour le
[dernier !...

Heureusement (et voilà ce qui nous a sauvés tous, critiques mes frères) que dans cette catilinaire le joli l'emporte sur le beau, et qu'à force de parure, ce rude jouteur a montré le défaut de sa cuirasse élégante. Il écrit, comme un naïf, en si petit franco-latin, que le premier venu va lui répondre. Et d'abord il intitule son mélange : *De Criticis!* Critiques de qui ? critiques de quoi ? Parlez-vous de l'homme écrivant la critique, ou de la critique écrite ? *Censura*, disait Juvénal. Un *vrai* latiniste eût appelé ces *Critici* des *grammairiens* (*grammatici certant*), et, mieux encore, des *rhéteurs*. — « C'est un nom que l'on me donne assez souvent, disait M. Villemain, et qui ne me déplaît pas toujours. » *Rhéteur* est un mot noble et de belle origine. Jules César et Cicéron furent élevés par des rhéteurs.

Un seul caprice de la fortune peut faire un consul d'un rhéteur, disait le poëte satirique ; ou tout au moins fallait-il ajouter, comme fait Cicéron, le *de Viris*. Il disait *les hommes politiques*, pour parler des grands orateurs. Même chez nous, quand nous disons tout court *un politique,* nous disons presqu'une injure ; au contraire, *un homme politique* est parfois une suprême louange. *Hommes athéniens !* s'écriait Démosthène ; c'était sa façon de dire *Messieurs !* Ils se méfiaient, ces grands anciens, de la bassesse du style autant que d'une mauvaise action. Une fois que le grammairien Cecilius dissertait sur la *rhétorique*, et prouvait peu de chose : — « Ami, reprit un auditeur, prends garde à ne pas ouvrir une si grande bouche pour souffler dans une si petite flûte. » Et quand, nonobstant cette juste remarque, eut paru son *Traité de la critique*, ah ! s'écria-t-on, le livre de Cecilius est trop petit pour son sujet.

Le Cecilius de la Sorbonne a commencé par nous dire qu'il était *un enfant*, qu'il avait grand'-peur que la langue ne lui fourchât (*ne lingua titubet*), et que dans ce grand sénat de la Sorbonne, il ressemblait au paysan du Danube, non pas, j'imagine, par la majesté, mais tout simplement par la rusticité de son discours :

Son menton nourrissait une barbe touffue...

Puis, tout d'un coup, notre orateur porte-toge (*togatus inter togatos*), se reprenant : « Non, non, dit-il, je n'ai pas la barbe et l'habit du paysan du Danube; je suis un porte-toge au milieu des robes universitaires. Certes, il eût cité, s'il l'avait su, ce vers des *Géorgiques*, traduit par l'auteur du *Lutrin* :

D'une robe à longs plis baláyer la Sor-
[bonne... *.

Non, certes, on ne reconnaîtrait pas le paysan du Danube à

---

* *Et gradiens imâ verrit vestigia caudâ.*

cette invocation magnifique :
Auditeurs très-ornés, ce qui veut
dire en même temps *dames très-
élégantes*. Un sénat de rois ! Le
paysan entrait plus vite en ma-
tière que le docteur :

Romains, et vous, Sénat, assis pour m'é-
[couter,
Je supplie avant tout les dieux de m'assister.

Lui aussi, notre homme en
toge, il va prier *les dieux*... puis,
le voilà soudain qui s'arrête en
se souvenant qu'il est chrétien :
« Laissons là les dieux, dit-il,
mon Dieu, c'est assez (*Deos imo
Deum*). » Que c'est pieux et pré-
cieux ce soudain singulier sub-
stitué au pluriel ! Telle, autrefois, Zaïre s'écriait :

Tu balançais son Dieu dans son cœur
[alarmé.

Voilà par quel détour ingénieux il arrive au sujet de son discours. Il manquait, nous dira-t-il, une critique de la critique. Je vais remplir cette lacune et livrer les critiques aux *dieux mânes*. (Nous rentrons ici dans le pluriel.) En même temps, à propos des critiques, et c'est fâcheux, il se souvient du touchant épisode où le jeune Euryale attire à soi l'attention de l'ennemi (*in me convertite ferrum*), et de ce *ferrum* il tire un effet inattendu :

Tournez donc contre moi votre plume
[*de fer*...

Bientôt le voilà, comme un agrégé sans reproche et sans

peur, qui remonte aux origines de la critique. Elle a, de son propre aveu, une origine illustre : « Aristote, un fleuve d'or ; Cicéron, le maître et l'exemple le plus parfait de l'éloquence ; Horace et Quintilien, Boileau et Fénelon, et plusieurs autres.... » Mais il n'ose pas mettre en si vilain latin ces noms fameux : « C'étaient, dit-il, en même temps que de grands critiques, de grands inventeurs. » Il ajoute, et toujours en ne nommant personne : « que, s'il le voulait bien, il rencontrerait encore de nos jours des Aristotes, des Horaces et des Quintiliens. » Mais, grands dieux ! (ou *grand Dieu !*) c'est le petit nombre.

Combien de misérables petits critiques, après ceux-là, qui parlent sans rien dire, ignorants des grâces du discours, passant de la terre au ciel, de tout à rien ! Si l'on voulait bien chercher dans tous les puits, on trouverait un critique : « Ils aiment la nuit et le vagabondage (*nocte errantes*). » Nous en avons rencontré de cette sorte dans les fables de La Fontaine :

Capitaine renard alloit de compagnie
Avec son ami bouc des plus haut encornés.

Des grands critiques grecs, latins et français, on n'oserait pas dire que nos petits critiques soient non pas les fils, mais les bâtards. « Je veux mourir (*Dies me deficiat*) si la race infime dont je parle dans cette illustre réunion mérite un pareil honneur. » Et cependant ils occupent toutes les positions littéraires. Qui n'est pas de leur écurie est reçu à coups de pied. Ce sont des amis qui se grattent les uns les autres, et, quand ils sont en guerre, autant de gladiateurs dont le tapage est infernal. « On les comparerait volontiers (c'est une comparaison que j'emprunte à Sénèque parlant des philosophes) à des horloges dont pas une ne dit la même heure. Ah ! France infortunée ! sous mon consulat née, qu'as-tu donc fait de ta politesse et de ton innocence ? » Et voilà comment, dans un style ennemi de la lumière, notre éloquent *criticus* jette à nos yeux éblouis le sel réjouissant de son esprit. Nous, cependant, nous restons aveuglés des météores de ce grand discours. Jamais, dans le *Traité de la Satire*, par Saint-Réal, dans le discours de Voltaire, qui n'est pas toujours tendre au pauvre monde, et dans ce passage où Bayle a si bien parlé de *l'incivilité des critiques*, nous n'avons rien trouvé qui fût comparable à la *civilité* de ce docteur Pomposus. Plus il s'est mis à l'abri des critiques officiels, plus il s'en donne à cœur-joie à dauber sur les petites gens qui ne sont que des écrivains — rien que cela ?

si peu que cela ! Rendons-lui cependant cette justice : il désigne aussi peu ceux-ci que ceux-là ; il laisse à la sagacité de ses *auditeurs très-ornés* le soin de distinguer les aigles des hiboux. Les anciens faisaient mieux : quiconque était désigné par eux avait deux noms, un sobriquet, pour le moins : Alexandre, fils de Philippe; Alcibiade, fils de Clinias; Diogène le *Cynique;* Denis le *Tyran.* Nous sommes fâché des ambiguïtés du critique latin. Il faut qu'il se soit rappelé cette exclamation du bon Scarron, revenant d'une distribution des prix au collége Louis le Grand : « Madame, disait-il à la femme illustre qui sera plus tard Mme de

Maintenon, réjouissez-vous, je ne suis plus le bonhomme Scarron, mais bien le riche et tout-puissant Scaurus, dont la maison était le Versailles du temps d'Auguste. » Et de rire. Il riait volontiers de l'emphase, et, disons mieux, de la tautologie. Il n'était pas grand ami des faiseurs de tragédies et de comédies latines, des Euripides et des Térences de Louis-le-Grand. Ces déguisements latins ne lui plaisaient guère : « Quand Ménage, Santeuil et Dupérier se seront bien appelés : Ménagius, Pererius et Santolius, en seront-ils plus gras et plus connus ? » disait-il. Il avait pour voisin un jeune rhétoricien qui, faisant des vers latins, cherchait un adjectif à *Jupiter* dans un livre intitulé *le Choix des épithètes*, par Jean Teissier, seigneur de Ravisi, qui s'appelait Ravisius Textor (allez donc vous reconnaître en ces noms propres). Or le jeune homme trouva dans *le Choix des épithètes* (on dirait de nos jours *le Cahier des bonnes expressions*) *Jupiter biscornu*. « C'est bien fait, disait Scarron, et que ça t'apprenne, ô mon fils ! à ne pas écrire en latin : tu serais forcé de dire : sur *la rive du fleuve*, quand c'est *le bord de la rivière* qu'il faut dire. Parlant du *pont Neuf*, tu dirais : le *pont nouveau*, ce qui n'est pas la même chose ; on ne dit pas :

mon blanc bonnet, on dit : *mon bonnet blanc,* en dépit du proverbe. » Mais ceci ne rentre pas dans le sujet de cette réplique. Il ne s'agit pas, cette fois, du moindre ou du petit latin, il s'agit de justice et d'équité. Si le jeune agrégé de Sorbonne, à peine dépouillé de cette robe en *argumentabor* *, avait été interrogé par un homme habile à tirer son secret : « Là, voyons, mon jeune docteur, je ne suis pas farouche et je suis de vos amis. Vous parlez d'or ; mais dites-moi en langage vulgaire le

---

* Et qui sur cette jupe à maint rieur
    [encor
Derrière elle faisait lire : *Argumen-*
    [*tabor...*

vrai nom de ces *Critici* que vous traitez de la belle sorte ! Allons, courage, et pas de fausse honte, on vous gardera le secret... Vous vous taisez ; je vais vous le dire : on les appelle, avec votre permission : des *jour--na--lis--tes* ! Ah ! la bonne farce, et que c'est bien fait ! Ils l'ont bien mérité, ces fils de Sicambre !

En effet, voilà le vrai mot de ce pot-pourri, et les *ornatissimi auditores* ne s'en sont pas doutés. Encore moins se sont-ils doutés de cette nouvelle attaque *à la littérature facile* : « Hélas ! plus que jamais le délire et le songe se sont emparés du théâtre et du roman. C'en est fait de l'amour, de la colère et de la douleur, des grandes passions de l'art dramatique. C'en est fait du beau langage où respirait la suave odeur de l'antiquité cicéronienne. Plus de langue française ; nous parlons un patois barbare. On dirait que nous sommes tombés chez Circé la magicienne, qui, par ses herbes et ses enchantements, change en pourceaux les compagnons d'Ulysse. » On le voit, nous traduisons de notre mieux, et nous combattons à armes courtoises.

Mais quoi ! cette nouvelle déclamation des anciens et des modernes, nous la savons par cœur. Quant à la dispute, soulevée il y a trente ans, de *la littérature facile*, nous dirons au jeune latin que la dispute appartient à un maître, à son maître, et que, par respect autant que par modestie, il eût bien fait de s'abstenir. S'il eût daigné relire avec soin cette dispute illustre, il eût compris que tout d'abord elle avait été épuisée, et qu'avec toutes ses figures de rhétorique, amplification, imitation, image, figure, interrogation, hyperbate, qu'il ne faut pas confondre avec l'hyperbole, il perdrait son latin (qui n'est pas grand'chose) à souffler sur ces cendres éteintes. En vain il invoque Aristote et Théophraste, en s'écriant : *Par Hercule !...* On ne l'écoute guère quand on l'entend, on ne l'écoute plus quand on l'a compris. Pareil malheur est arrivé à Théopompe, et pourtant il faisait plus de bruit à lui seul qu'un enterrement romain de première classe. « Engagez-moi, disait-il, vous verrez si je sais glorifier les morts ; je fais plus de bruit que six trompettes.... — Respectez, lui dit quelqu'un, ces grands instruments inanimés ; ils suffisent à réveiller le courage ; ils servent à donner le signal des grandes actions... » Et nous aussi nous vous dirons, jeunes gens qui avez à peine le pied dans l'étrier : Ayez du moins quelque souci de vos anciens. Ils ont combattu dans plus de batailles que vous n'avez pu en lire à votre âge*. Redoutez les discours pleins de vide et de vent; méfiez-vous des quolibets sans portée. « Il ne me déplaît pas toujours, disait Quintilien, d'assister aux gaietés de Démosthènes, mais ces gaietés ne lui vont guère. » C'est bel et bon, jeunes gens très-ornés, de s'incliner devant l'abbé d'Aubignac; mais vous perdez votre temps à nous expliquer Bartole, Macrobe et Lycophron. Au temps de Boileau, l'un de ses confrères écrivait en *français* les jolis vers que voici :

De Boileau l'affreuse satire

* *Plura bella gessit quam cæteri legerunt.* (Cicéron parlant de Pompée.)

Déchire nos rois et nos dieux...
. . . .
Un ingrat comme toi n'eut jamais de cou-
[rage...

Et puis, en vile prose, il disait à ce grand homme : « O fainéant impie ! une âme religieuse ne peut te voir qu'avec horreur. » Avez-vous donc pensé, messieurs de la toge neuve, avant de porter ces terribles accusations, quelle était la Sorbonne autrefois, ce qu'elle est encore aujourd'hui ? Quelle est l'autorité, même dans une langue morte et que vous achevez tous les jours, de cet écho formidable ? Et lorsque vous franchissiez à pas comptés, semblables au grand pontife portant les images des dieux, les degrés de cette chaire éloquente autour de laquelle tant *de gens* considérables par leur position sociale, et quelques-uns par leur mérite, attendaient votre bon plaisir, vous disiez-vous que du haut de cette chaire avaient parlé, au milieu de l'enthousiasme universel de la jeunesse admirable qui contenait la révolution de 1830 et ses splendeurs, les trois maîtres de la critique moderne, en poésie, en histoire, en philosophie, et que le lieu était mal choisi sans doute pour annoncer votre humble factum : *De Criticis?* Le respect, jeunes gens, le respect ! Ajoutons : la reconnaissance! Oh! quelle douleur! Nous comprenons à la rigueur que vous immoliez les *critiques* à votre beau génie; oui, mais que vous ont fait les *poëtes*? Voilà cependant tout ce que vous en dites : « Ces poëtes dont les vers et les poëmes ont rempli nos premières années d'une grâce et d'une douceur incomparables, les voilà qui se taisent, écrasés par l'outrage du temps ou fauchés par la mort, sans pitié... » Rien de plus. Vous dédaignez même la plus simple précaution pour dire à l'auteur des *Méditations poétiques* : « *Vous êtes vieux!* » Cela ne se dit point au génie resté debout et qui travaille encore. A lui seul il appartiendrait de s'écrier comme Mithridate expirant :

Mes ans se sont accrus, mes honneurs sont
[détruits...

Mais nous autres, les petits et les faibles, doués d'une grande admiration, quand nous parlons de l'âge accru de ces grands hommes, nous y mettons autant de précaution qu'Horace, ou Voltaire, ou Despréaux :

Malgré soixante hivers escortés de seize
[ans...

Cependant le poëte des *Méditations* n'est pas le seul qui ait enchanté votre aimable jeunesse; oubliez-vous donc ces poëtes regrettés, à jamais regrettables : Alfred de Vigny, également habile à la prose, au poëme; Alfred de Musset, mélange heureux de don Juan et de Byron? Si j'avais été que de vous, dans cette gloire, assis entre la statue de Pascal et le marbre de Bossuet, je me serais souvenu même de Brizeux, le poëte inspiré de la Bretagne. Il mourut comme il avait vécu, en chantant sa forte et fière patrie. Ou, tout au moins, pourquoi ne pas réveiller dans ces murailles dont l'écho a gardé le nom jeune et glorieux de Casimir Delavigne, un souvenir de l'auteur des *Messéniènnes*, consolatrices des malheurs de 1815? O jeune homme, habile et prolixe à la louange des puissants et des forts, n'êtes-vous pas malheureux de tant de concision, s'il ne s'agit que des poëtes qui vous ont tant charmé ? Quoi ! pas un mot sous ces voûtes sonores pour le nouvel Horace appelé Béranger ! Il chantait si bien Lisette et l'empereur ! Celui-ci, même en Sorbonne, eût fait passer celle-là ; le laurier eût dissimulé la tubéreuse, et vous eussiez conquis sans trop de peine l'applaudissement des anciens, l'applaudissement des très-jeunes. Pourriez-vous me dire à qui donc appartiennent ces beaux vers tout remplis de piété filiale :

Vous que j'ai vus périr, vous, immortels cou-
[rages,
Héros, dont en pleurant j'aperçois les
[images...

Ces deux vers sont sortis de l'âme ardente et reconnaissante de Voltaire. Aussi bien que vous il maniait l'ironie, et mieux que vous il savait pleurer les grandes vertus.

Mais (voilà pour moi le vrai trouble et l'énigme inexplicable), en supposant que vous ayez oublié ou négligé ces grands esprits dont le nom ne saurait s'écrire en latin, il en est un qui se présentait à votre éloquente période et dont le nom n'aurait pas déparé vos sons *paraphones*. Le nom de Hugo appartient à la double langue. Il vient de montrer encore, à six reprises, que les années n'ont pas su l'atteindre. Il est resté debout dans son génie et sur sa roche. A votre âge, on n'a pas le droit d'oublier une pareille gloire. Virgile, à vingt ans, célébrait le plus illustre des bergers des champs de Mantoue, hélas! trop voisine de Crémone.

Daphnis foule à ses pieds la nue et les
[étoiles...

De ce courage sans danger et de cette reconnaissance que votre jeune auditoire eût payés de ses acclamations de quinze ans, Despréaux vous a laissé un exemple immortel :

En vain contre le Cid un ministre se ligue,
Tout Paris pour Chimène a les yeux de
[Rodrigue...

Et celui-là, ce maître absolu, qui n'était pas homme à donner raison aux peuples contre leurs princes, Frédéric le Grand :

En vain de notre sort un souverain décide,
Son exil dans le Pont n'avilit point Ovide..

Il n'est pas bon, ce distique... il fait le plus grand honneur au roi qui l'écrivit.

Voilà ce que nous tenions à dire à ce jeune homme. Il n'a pas encore assez de mérite et de talent pour que, de si bonne heure, on lui réponde, écrivant et parlant une langue morte ; mais il s'adressait à des auditeurs qui souriaient et applaudissaient, nous dit-on, et nous voulons répondre à ces sourires. Ils oubliaient, les uns et les autres, ces victorieux applaudissant aux injures des vaincus, que l'un des nôtres, M. Saint-Marc Girardin, a fait du journal français une louange immortelle en disant : *M. de Chateaubriand était un grand journaliste.* En vain les nouveaux venus voudraient prévaloir contre cet arrêt sans appel. Consolons-nous. Plus nous avançons vers le silence, et plus nous entendrons sans pâlir les voix qui racontent le peu que nous avons été.

Écoutez-les, et si chacune de ces voix, qui représente une année, une passion de votre vie, arrive à vous, racontant des opinions auxquelles vous êtes resté fidèle et des admirations qui n'ont fait que grandir; si vous rencontrez dans ce passé qui sert de jouet aux imberbes quelque souvenir de luttes généreuses, de résistances loyales, de combats qui n'étaient pas sans courage; si vous pouvez dire à coup sûr : voilà une renommée que j'ai faite, un esprit que j'ai découvert le premier; si, en fin de compte, vous avez pour amis les vaillants, les fidèles, les courageux, les grands esprits, et si les autres seuls vous accusent; si, parmi les choses que vous avez maltraitées, il ne s'est pas rencontré un chef-d'œuvre, et si, parmi les œuvres que vous avez le plus louées, il ne s'est pas découvert une honte, et si votre instinct vous a guidé dans les passages difficiles de façon à vous faire éviter les trappes, les écueils et les abîmes dont le sentier des belles-lettres pratiques est semé de toutes parts, rassurez-vous, mon frère, mourez en paix, vous ne mourrez pas tout entier. Enfants de la littérature facile, on le veut bien, mais voici tantôt quarante ans que vous restez exposés aux premiers coups des chevaliers errants dans le domaine de l'imagination. Hélas ! combien, restés sur la place, ont été ramenés par le barbier Samson Carasco dans la maison dont ils n'auraient pas dû sortir !

Dans les louanges qu'il faisait

du siècle de Louis XIV, M. le duc de Saint-Simon ajoute que rien ne manquait à ce beau siècle, « *pas même cette espèce d'hommes qui ne sont bons que pour le plaisir.* » Il voulait parler des poëtes, des artistes et des critiques de profession, si facilement odieux à ces fronts ridés de bonne heure sur lesquels il est écrit : *Hommes sérieux*. L'homme sérieux est l'ennemi-né du bel esprit. Il ne veut pas de ces importuns qui n'admirent guère. A quoi bon, en effet, ces faiseurs de critique ? Ils impatientent le lecteur; leur goût consiste absolument à n'avoir pas le goût de tout le monde;

ils imposent leur volonté à la foule obéissante; ils brisent ce que le public adore, ils relèvent ce qu'il a brisé. Quand ils devraient donner la force et le courage aux impuissants de nos écoles, ils s'appliquent au contraire à leur montrer l'obstacle, à leur faire sonder l'abîme, à leur prouver qu'ils tentent l'impossible.

« O l'étrange chose, disait l'ancien Balzac, qu'un grammairien, qui n'a étudié que les syllabes, prononce hardiment sur les œuvres de tant de grands hommes ! Voilà, à mon sens, ce qu'on ne devrait pas souffrir. « Lui-même, Voltaire, qui était le bon sens et le génie en personne, il eût voulu que le roi envoyât Fréron... *aux galères!* Eh Dieu! que de violences, que de larmes, de colères, d'injures, et quel débordement incroyable de mille fureurs insensées contre les écrivains malavisés qui se figurent qu'il leur est permis de dire : Ceci est bon, ceci est douteux!

Enfin, quand il a bien déclamé, notre hypercritique en latin montrant le monde à ses disciples : « Allez, leur dit-il, le monde est ouvert *. Suivez les grands exemples que vous avez

* *Et vastas aperit syrtes...*

sous les yeux ; soyez des créateurs, des inventeurs. L'univers se fait vieux; si vous voulez le prendre, il est à vous.

ACADÉMIE
DES BIBLIOPHILES

Société libre

Pour la publication à petit nombre de livres
rares ou curieux.

ACADÉMIE
DES BIBLIOPHILES

MEMBRES DU CONSEIL

Année 1867-1868

MM. Paul CHÉRON, de la Bibliothèque impériale ;

Hippolyte COCHERIS, de la Bibliothèque Mazarine ;

Jules COUSIN, de la Bibliothèque de l'Arsenal ;

Pierre JANNET, fondateur de la *Bibliothèque elzévirienne* ;

Louis LACOUR, de la Bibliothèque Sainte-Geneviève ;

Lorédan LARCHEY, de la Bibliothèque Mazarine ;

Anatole DE MONTAIGLON, secrétaire de l'École des Chartes,

ancien bibliothécaire à l'Arsenal ;

Charles READ, chef de la section des Archives, de la Bibliothèque et des travaux historiques, à la préfecture de la Seine ;

Le baron Oscar DE WATTEVILLE, chef du bureau du dépôt des livres au ministère de l'instruction publique.

Les séances du Conseil se tiennent le second mardi de chaque mois, à quatre heures et demie, au palais de l'Institut, dans le cabinet de M. H. Cocheris, bibliothécaire-trésorier de la Bibliothèque Mazarine.

MM. les membres actifs et libres sont admis aux séances et ont voix consultative.

COLLECTION

DE LA COMPAGNIE

1. DE LA BIBLIOMANIE, par Bollioud-Mermet, de l'Académie de Lyon. In-16, pot double. . . . 5 »

2. LETTRES A CÉSAR, par Salluste, traduction nouvelle par M. Victor Develay. In-32, carré. . . . . . 2 »

3. LA SEIZIESME JOYE DE MARIAGE, publiée pour la première fois. In-16, pot double. . . . . . . 2 »

4. LE TESTAMENT POLITIQUE DU DUC CHARLES DE LORRAINE, publié avec une étude bibliographique par M. Anatole de Montaiglon. In-18 jésus. 3 50

5. LES BAISERS DE JEAN SECOND, traduction nouvelle par M. Victor Develay. In-32 carré. . . . . . 2 »

6. LA SEMONCE DES COQUUS DE PARIS EN MAY 1535, publiée d'après un manuscrit de la Bibliothèque de Soissons, par M. Anatole de Montaiglon. In-18 jésus. . . . 2 »

7. LES NOMS DES CURIEUX DE PARIS, avec leur adresse et la qualité de leur curiosité. 1673. Publication de M. Louis Lacour. In-18 raisin. 1 50

8. LES DEUX TESTAMENTS DE VILLON, suivis du Bancquet du Boys; nouveaux textes publiés par P. L. Jacob, bibliophile. In-12 couronne. 7 »

9. LES CHAPEAUX DE CASTOR. Un paragraphe de leur histoire. 1634. Publication de M. Louis Lacour. In-18 raisin . . . . 1 »

10. LE CONGRÈS DES FEMMES, par Érasme, traduction nouvelle par M. V. Develay. In-32 carré. 1 »

11. LA FILLE ENNEMIE DU MARIAGE ET REPENTANTE, par Érasme, traduction nouvelle, par M. Victor Develay. In-32 carré. . . . . . . 2 »

12. Traité de Saint Bernard. — De l'Amour de Dieu. Publication de P. Jannet. In-16 pot double.   5 »

13. Œuvres de Régnier. Édition de Louis Lacour. Imprimée par D. Jouaust. In-8º carré. . . .   20 »

14. Le Mariage, par Érasme, traduction nouvelle par M. Victor Develay. In-32 carré . . . .   2 »

15. Le Comte de Clermont, sa cour et ses maîtresses, par M. Jules Cousin. 2 vol. in-18 jésus. . . .   10 »

16. La Sorbonne et les Gazetiers, par Jules Janin. In-32 carré.   2 »

Les Précieuses ridicules, comédie de J. B. P. Molière. Reproduction textuelle de la première édition. Notes par Louis Lacour. In-18 raisin (*sous presse*).   5 »

L'Apocoloquintose, facétie sur la mort de l'empereur Claude, par Sénèque, traduction nouvelle par M. Victor Develay. In-32 carré (*sous presse*). . . .   2 »

Le Jeune Homme et la Fille de joie, par Erasme, traduction nouvelle par M. Victor Develay. In-32 carré (*sous presse*). . . . . 1 »

Les Satires de Perse, traduction nouvelle par M. Victor Develay. In-32 carré (*sous presse*). . . . . 3 »

Livret annuel de l'Académie des Bibliophiles. M DCCC LXVI. In-8º carré (*sous presse*).

———

Les statuts de l'Académie des Bibliophiles se distribuent gratuitement à la librairie de la Compagnie, rue de la Bourse, 10, à Paris.

ACHEVÉ

PAR D. JOUAUST

Imprimeur de l'Académie des Bibliophiles

Le vingt mai mil huit cent soixante-sept

A PARIS

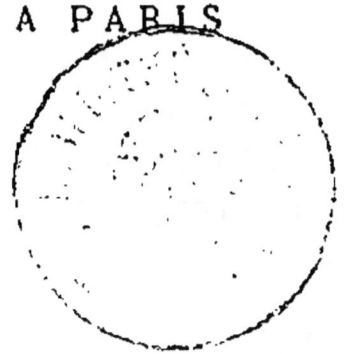

www.ingramcontent.com/pod-product-compliance
Lightning Source LLC
LaVergne TN
LVHW022123080426
835511LV00007B/988